AF187812

Impressum
Verlag: BABADADA GmbH, Nedderfeld 112 , 22529 Hamburg
Geschäftsführer / Verlagsleitung: Harald Hof
Druck: Books on Demand GmbH, In de Tarpen 42, 22848 Norderstedt

Imprint
Publisher: BABADADA GmbH, Nedderfeld 112 , 22529 Hamburg, Germany
Managing Director / Publishing direction: Harald Hof
Print: Books on Demand GmbH, In de Tarpen 42, 22848 Norderstedt, Germany

escola

escuela

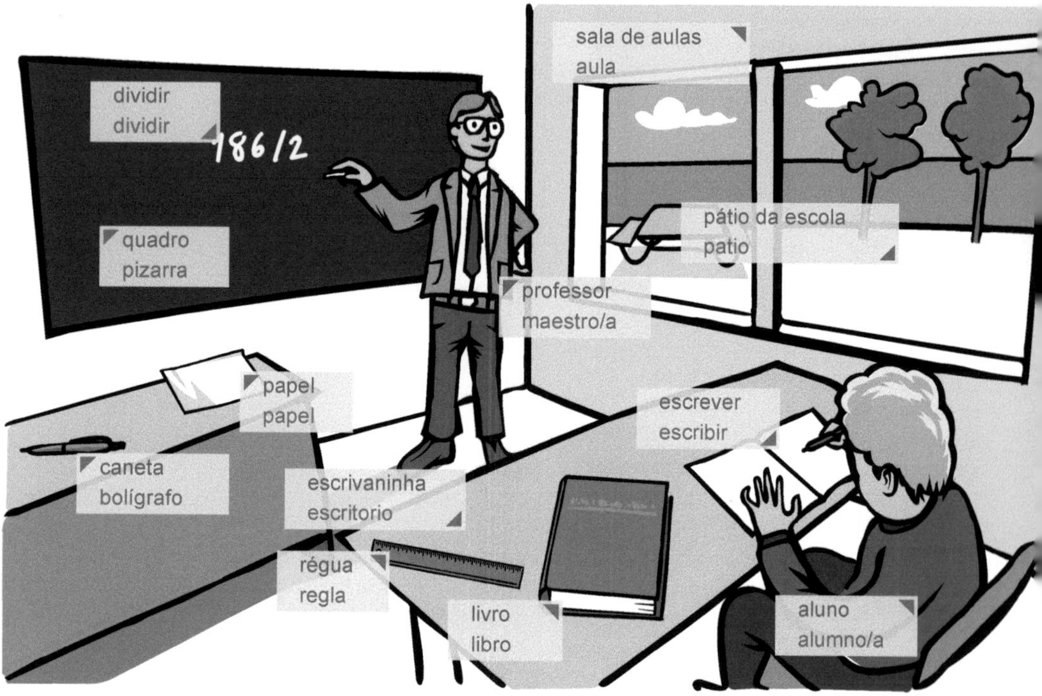

sala de aulas
aula
dividir
dividir
186/2
quadro
pizarra
pátio da escola
patio
professor
maestro/a
papel
papel
escrever
escribir
caneta
bolígrafo
escrivaninha
escritorio
régua
regla
livro
libro
aluno
alumno/a

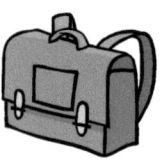

sacola

cartera

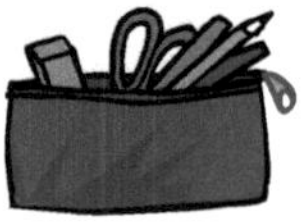

estojo de lápis

caja de lápices

lápis

lápiz

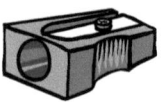

apontador de lápis

sacapuntas

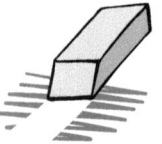

borracha

goma de borrar

bloco de desenho

cuaderno de dibujo

desenho
dibujo

pincel
pincel

estojo de tintas
caja de pinturas

tesoura
tijeras

cola
pegamento

livro de exercícios
cuaderno de ejercicios

lição de casa
deberes

12

número
número

2+2

somar
sumar

5-2

subtrair
restar

2×2

multiplicar
multiplicar

calcular
calcular

A

letra
letra

ABCDEFG
HIJKLMN
OPQRSTU
VWXYZ

alfabeto
alfabeto

palavra
palabra

texto
texto

ler
leer

giz
tiza

hora
lección

registro da classe
cuaderno de notas

exame
examen

certificado
certificado

uniforme escolar
uniforme escolar

educação
educación

enciclopédia
enciclopedia

universidade
universidad

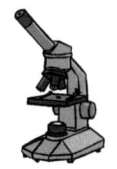

microscópio
microscopio

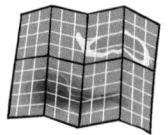

mapa
mapa

cesto de lixo
papelera

viagem

viaje

hotel
hotel
Grand
albergue
albergue
ROOMS
EXCHANGE
casa de câmbio
oficina de cambio de divisas
mala
maleta
carro
coche

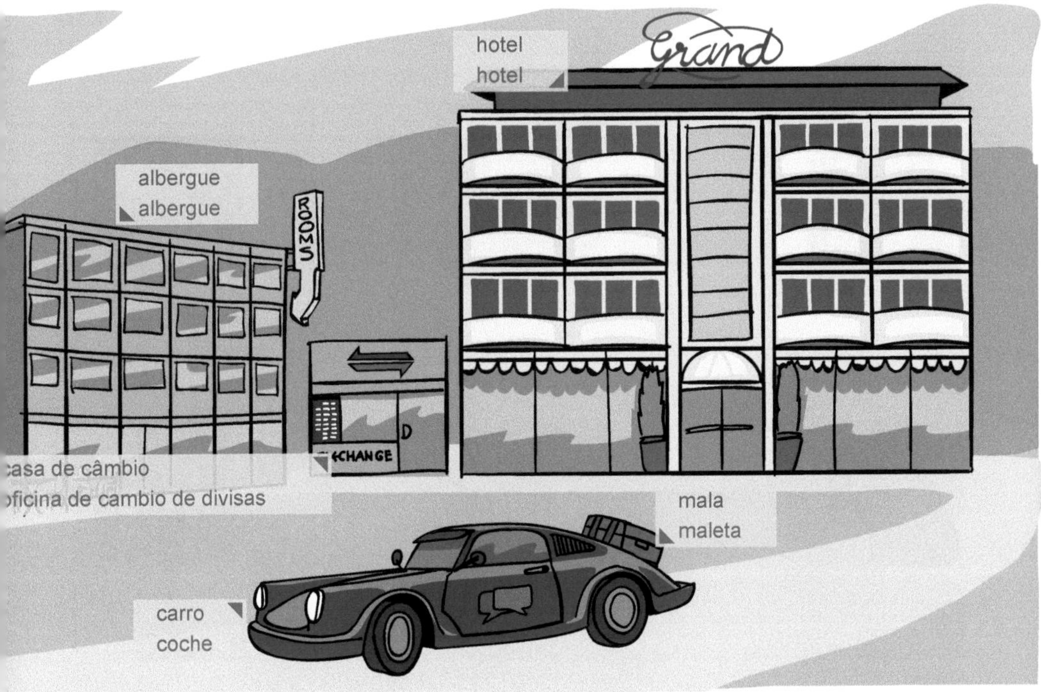

idioma

idioma

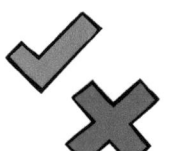

sim / não

sí / no

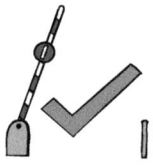

ok

Vale

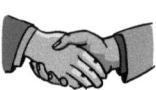

Olá

hola

tradutor

traductor

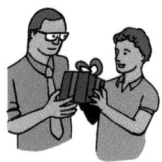

obrigado

Gracias

quanto custa...?

¿cuánto es...?

eu não entendo

No entiendo

problema

problema

boa noite!

¡Buenas tardes!

Bom dia!

¡Buenos días!

Boa noite!

¡Buenas noches!

até logo

adiós

direção

dirección

bagagem

equipaje

bolsa

bolsa

mochila

mochila

convidado

invitado

quarto

habitación

saco de dormir

saco de dormir

barraca

tienda de campaña

informação turística
información turística

praia
playa

cartão de crédito
tarjeta de crédito

café da manhã
desayuno

almoço
almuerzo

jantar
cena

bilhete
billete

elevador
ascensor

selo
sello

fronteira
frontera

alfândega
aduana

embaixada
embajada

visto
visa

passaporte
pasaporte

transparente

transporte

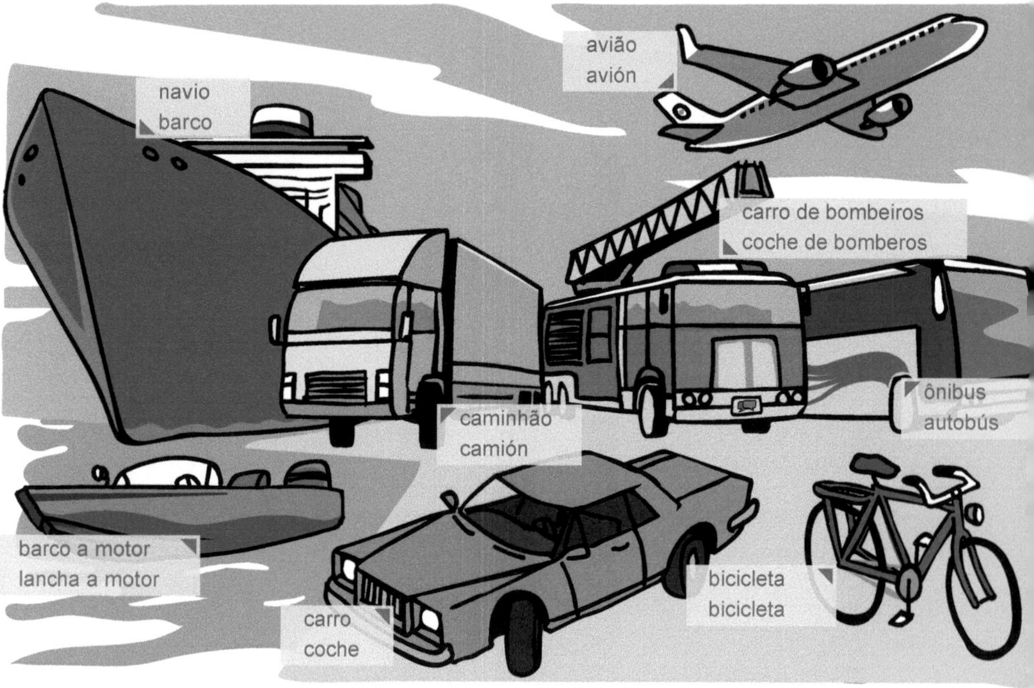

avião
avión
navio
barco
carro de bombeiros
coche de bomberos
ônibus
autobús
caminhão
camión
barco a motor
lancha a motor
bicicleta
bicicleta
carro
coche

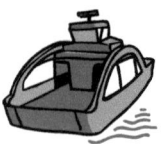

balsa

transbordador

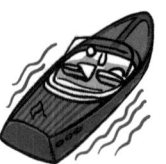

barco

barca

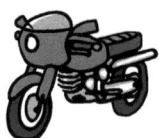

motocicleta

moto

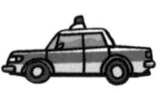

veículo policial

coche de policía

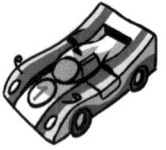

carro de corrida

coche de carreras

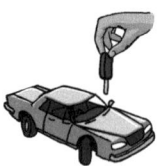

carro de aluguel

coche de alquiler

compartilhamento de automóvel
préstamo de vehículos

caminhão de reboque
grúa

caminhão de lixo
camión de la basura

motor
motor

combustível
gasolina

posto de gasolina
gasolinera

placa de trânsito
señal de tráfico

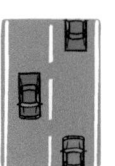

trânsito
tráfico

trânsito lento
atasco

estacionamento
aparcamiento

estação de trem
estación de tren

trilhos
vías

trem
tren

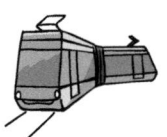

bonde
tranvía

vagão
vagón

helicóptero
helicóptero

aeroporto
aeropuerto

torre
torre

passageiro
pasajero

contêiner
contenedor

cartolina
caja de cartón

carroça
carretilla

cesto
cesta

decolar / pousar
despegar / aterrizar

cidade

ciudad

vilarejo
pueblo

centro da cidade
centro de ciudad

casa
casa

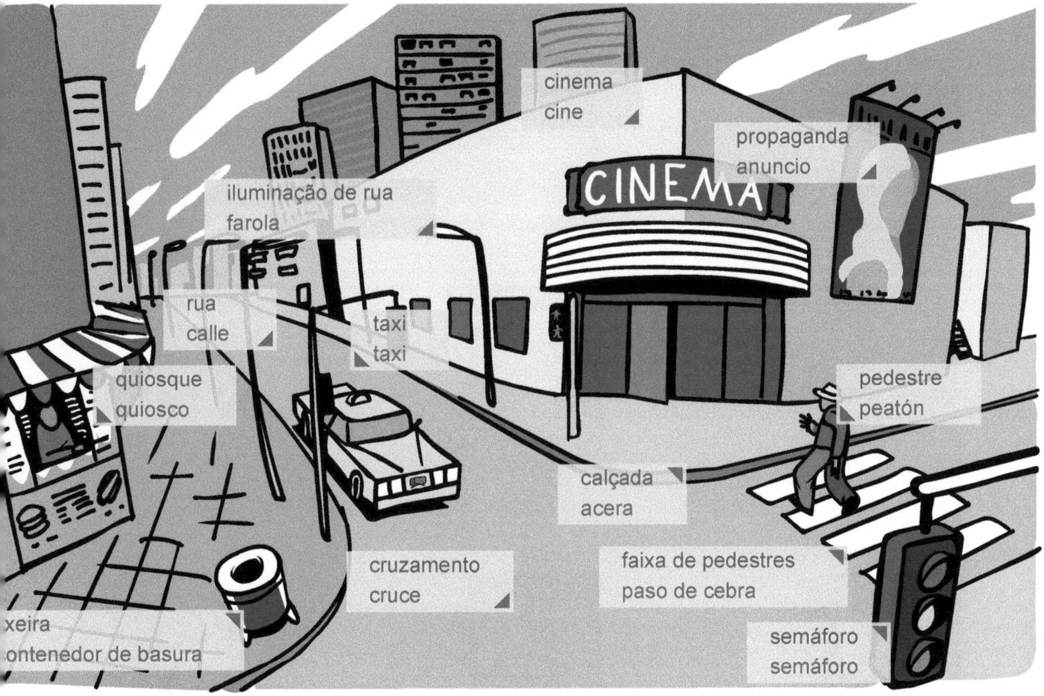

cinema
cine

propaganda
anuncio

iluminação de rua
farola

CINEMA

rua
calle

taxi
taxi

pedestre
peatón

quiosque
quiosco

calçada
acera

cruzamento
cruce

faixa de pedestres
paso de cebra

xeira
ontenedor de basura

semáforo
semáforo

cabana
cabaña

apartamento
apartamento

estação de trem
estación de tren

prefeitura
ayuntamiento

museu
museo

escola
escuela

universidade

universidad

banco

banco

hospital

hospital

hotel

hotel

farmácia

farmacia

escritório

oficina

livraria

librería

loja

tienda

floricultura

floristería

supermercado

supermercado

mercado

mercado

loja de departamentos

grandes almacenes

peixaria

pescadería

centro comercial

centro comercial

porto

puerto

parque

parque

banco

banco

ponte

puente

escadas

escaleras

metrô

metro

túnel

túnel

ponto de ônibus

parada de autobús

bar

bar

restaurante

restaurante

aixa de correspondência

buzón

placa de rua

poste indicador

parquímetro

parquímetro

zoológico

zoo

piscina

piscina

mesquita

mezquita

fazenda
granja

poluição
contaminación

cemitério
cementerio

igreja
iglesia

parquinho
patio de juego

templo
templo

paisagem
paisaje

folha
hoja

placa de sinalização
señal

caminho
camino

gramado
prado

pedra
piedra

caminhantes
excursionista

árvore
árbol

rio
río

grama
hierba

flor
flor

vale
valle

montanha
colina

lago
lago

floresta
bosque

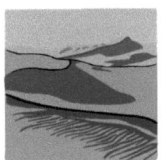

deserto
desierto

vulcão
volcán

castelo
castillo

arco-íris
arcoíris

cogumelo
champiñón

palmeira
palmera

mosquito
mosquito

mosca
mosca

formiga
hormiga

abelha
abeja

aranha
araña

besouro

escarabajo

sapo

rana

esquilo

ardilla

ouriço

erizo

lebre

liebre

coruja

lechuza

pássaro

pájaro

cisne

cisne

javali

jabalí

veado

ciervo

alce

alce

barragem

presa

aerogerador

turbina eólica

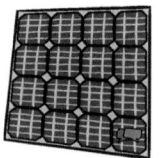

painel solar

panel solar

clima

clima

restaurante

restaurante

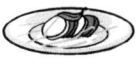

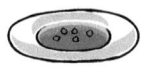

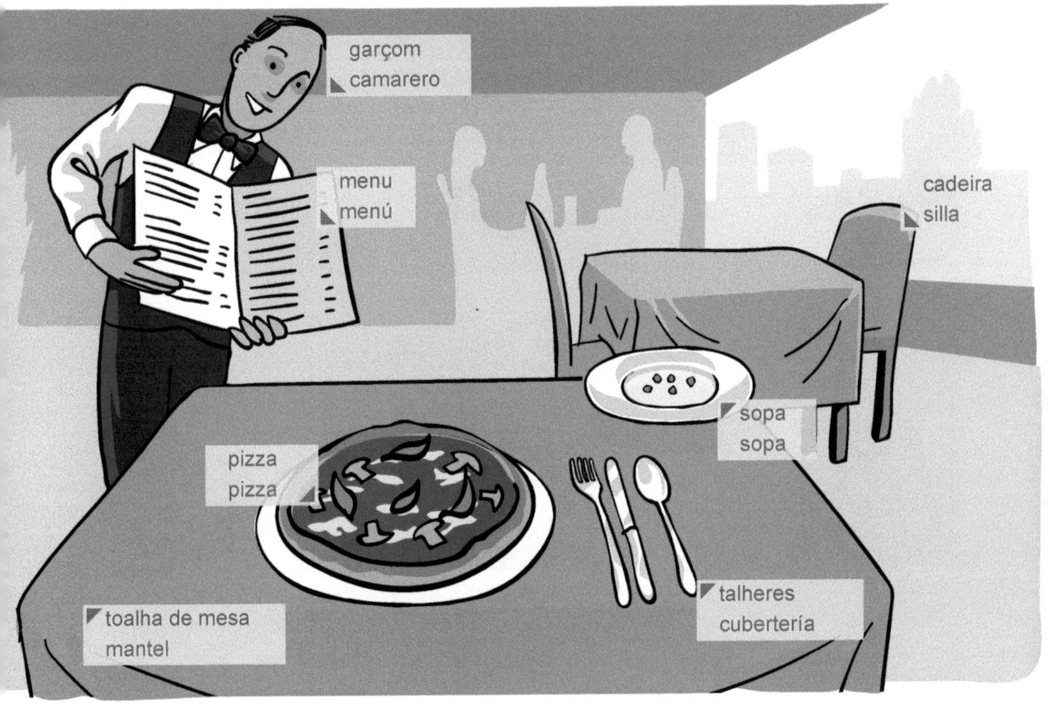

garçom
camarero
menu
menú
cadeira
silla
sopa
sopa
pizza
pizza
talheres
cubertería
toalha de mesa
mantel

entrada

primer plato

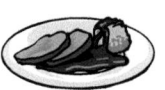

prato principal

plato principal

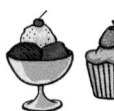

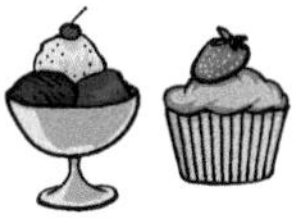

sobremesa

postre

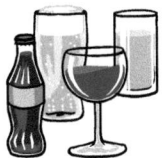

bebidas

bebidas

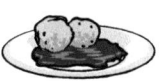

comida

comida

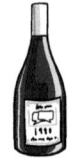

garrafa

botella

fastfood

comida rápida

comida de rua

comida callejera

bule de chá

tetera

açucareiro

azucarero

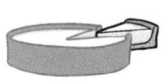

porção

porción

máquina de expresso

cafetera expreso

cadeirão

trona

conta

cuenta

bandeja

bandeja

faca

cuchillo

garfo

tenedor

colher

cuchara

colher de chá

cucharilla

guardanapo

servilleta

copo

vaso

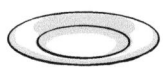

prato
....
plato

prato de sopa
....
plato hondo

pires
....
platillo

molho
....
salsa

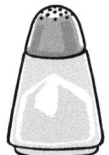

saleiro
....
salero

moedor de pimenta
....
molinillo de pimienta

vinagre
....
vinagre

óleo
....
aceite

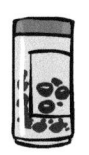

especiarias
....
especias

ketchup
....
ketchup

mostarda
....
mostaza

maionese
....
mayonesa

supermercado
supermercado

oferta especial
oferta especial
cliente
cliente
laticínios
lácteos
carrinho de compras
carro de la compra
frutas
fruta
FOR

BUTCHERS

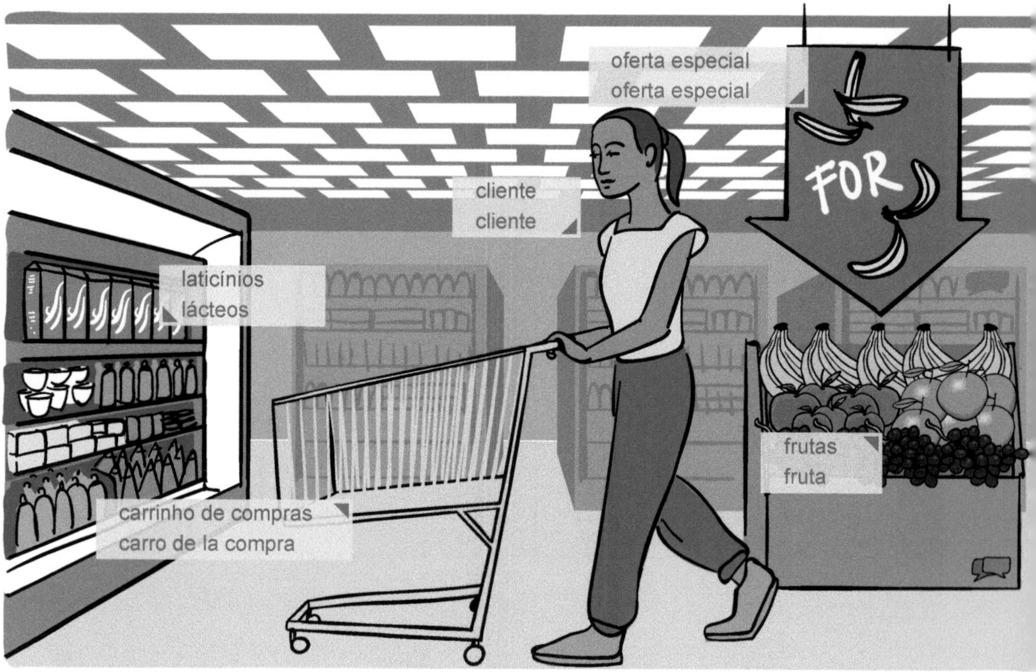

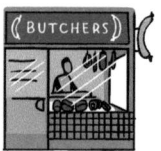

açougue
....
carnicería

BAKERY

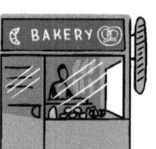

padaria
....
panadería

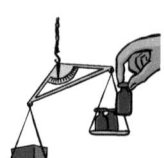

pesar
....
pesar

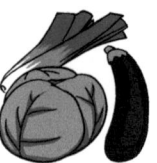

legumes
....
verduras

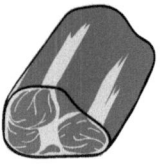

carne
....
carne

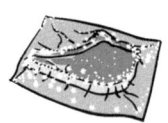

congelados
....
alimentos congelados

charcutaria

fiambres

conservas

conservas

detergente em pó

detergente en polvo

doces

dulces

artigos domésticos

productos de uso doméstico

produtos de limpeza

productos de limpieza

vendedora

vendedora

caixa

caja

caixa

cajero

lista de compras

lista de la compra

horário de funcionamento

horario de atención al
público

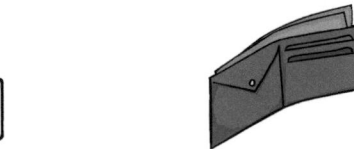

carteira

cartera

cartão de crédito

tarjeta de crédito

sacola

bolsa

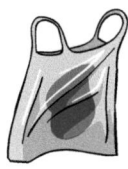

saco plástico

bolsa de plástico

água
agua

suco
zumo

leite
leche

coca-cola
cola

vinho
vino

cerveja
cerveza

álcool
alcohol

cacau
cacao

chá
té

café
café

expresso
expreso

cappuccino
capuchino

banana

plátano

maçã

manzana

laranja

naranja

melão

melón

limão

limón

cenoura

zanahoria

alho

ajo

bambu

bambú

cebola

cebolla

cogumelo

champiñón

nozes

avellanas

macarrão

fideos

espaguete
....
espagueti

arroz
....
arroz

salada
....
ensalada

batatas fritas
....
patatas fritas

batatas frias
....
patatas fritas

pizza
....
pizza

hambúrger
....
hamburguesa

sanduíche
....
sándwich

escalope
....
filete

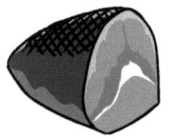

presunto
....
jamón

salame
....
salami

salsicha
....
salchicha

galinha
....
pollo

assado
....
asado

peixe
....
pescado

flocos de aveia

copos de avena

granola

muesli

flocos de milho

copos de maíz

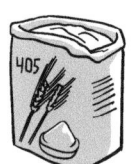

farinha

harina

croissant

cruasán

pãozinho

panecillo

pão

pan

torrada

tostada

biscoitos

galletas

manteiga

mantequilla

requeijão

cuajada

bolo

pastel

ovo

huevo

ovo frito

huevo frito

queijo

queso

sorvete

helado

açúcar

azúcar

mel

miel

geleia

mermelada

creme de avelãs

crema de turrón

curry

curry

fazenda
granja

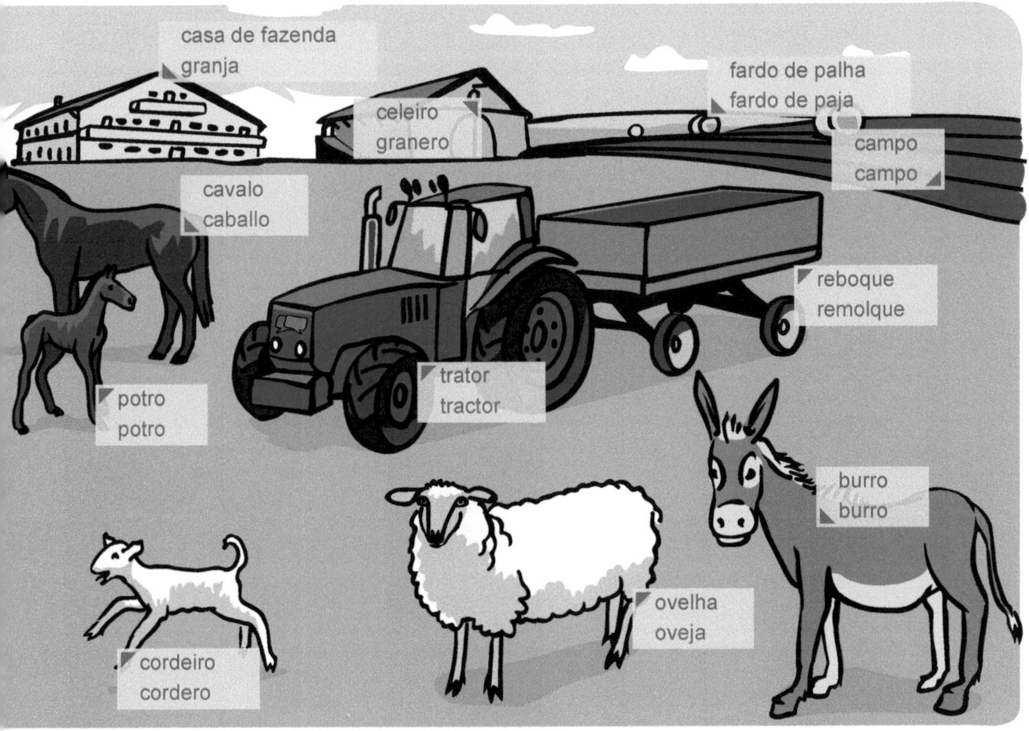

casa de fazenda
granja
fardo de palha
fardo de paja
celeiro
granero
campo
campo
cavalo
caballo
reboque
remolque
trator
tractor
potro
potro
burro
burro
ovelha
oveja
cordeiro
cordero

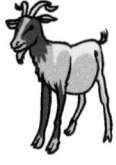

cabra
cabra

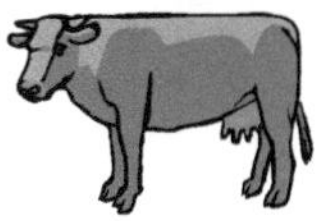
vaca
vaca

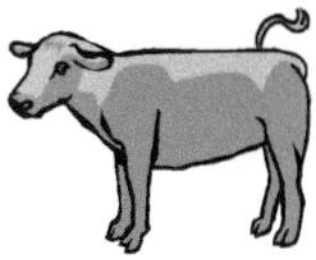
bezerro
ternero

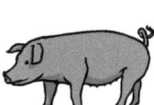

porco
cerdo

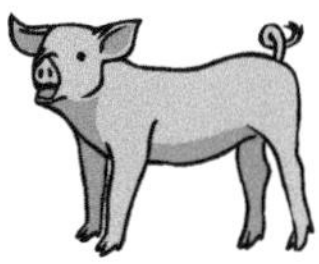
leitão
cerdito

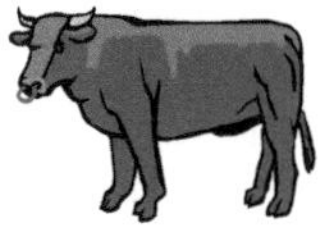
touro
toro

ganso

ganso

pato

pato

pintinho

pollo

galinha

gallina

galo

gallo

ratazana

rata

gato

gato

camundongo

ratón

boi

buey

cachorro

perro

casinha do cachorro

perrera

mangueira de jardim

manguera

regador

regadera

foice

guadaña

arado

arado

foice
hoz

enxada
azada

forquilha
horca

machado
hacha

carrinho de mão
carretilla

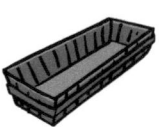

manjedoura
abrevadero

jarra de leite
lechera

saco
saco

cerca
valla

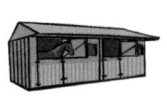

estábulo
establo

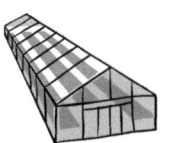

estufa
invernadero

solo
suelo

semente
semilla

fertilizante
fertilizador

colheitadeira
cosechadora

colher
cosechar

colheita
cosecha

inhame
ñame

trigo
trigo

soja
soja

batata
patata

milho
maíz

colza
semilla de colza

árvore frutífera
árbol frutal

mandioca
mandioca

cereais
cereales

casa
casa

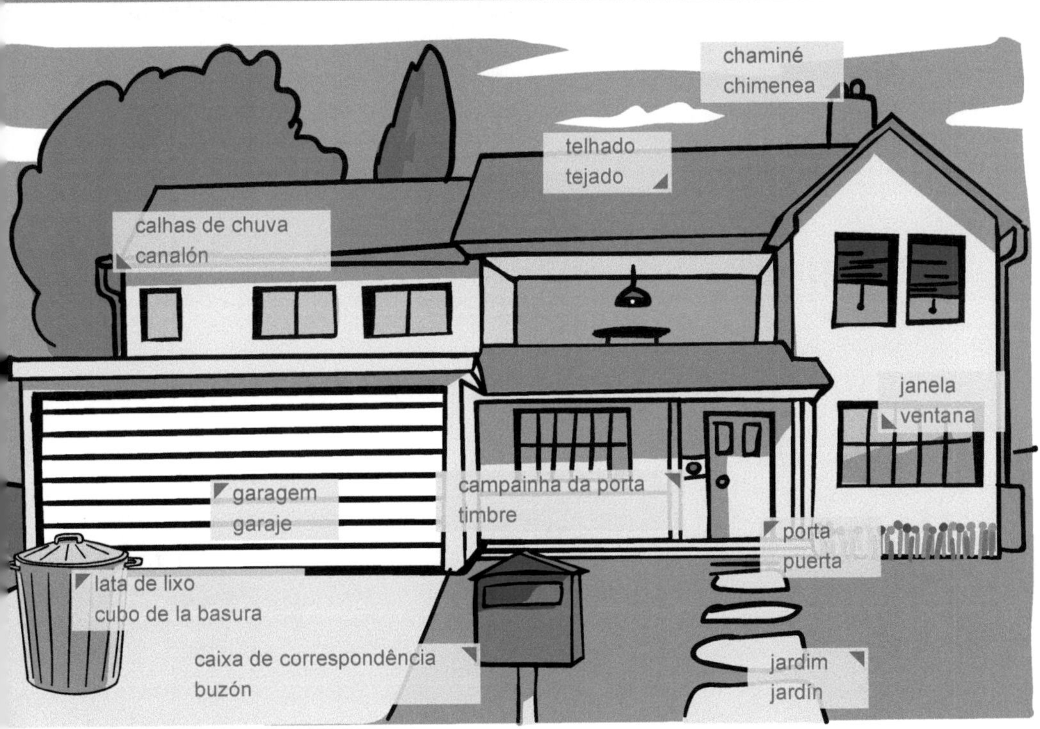
chaminé
chimenea
telhado
tejado
calhas de chuva
canalón
janela
ventana
garagem
garaje
campainha da porta
timbre
porta
puerta
lata de lixo
cubo de la basura
caixa de correspondência
buzón
jardim
jardín

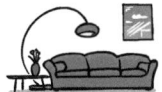

sala de estar
sala

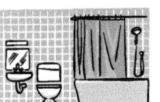

banheiro
cuarto de baño

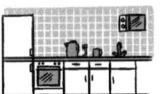

cozinha
cocina

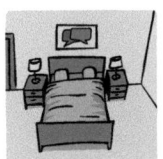

quarto de dormir
dormitorio

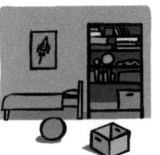

quarto de criança
habitación de los niños

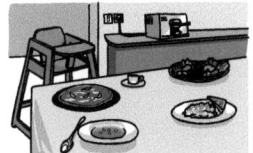

sala de jantar
comedor

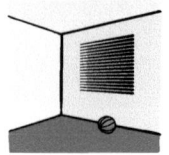

chão
suelo

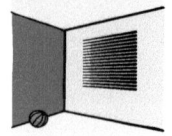

parede
pared

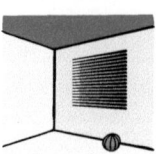

teto
techo

porão
sótano

sauna
sauna

varanda
balcón

terraço
terraza

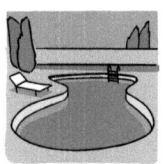

piscina
piscina

cortador de grama
cortacésped

lençol
sábana

coberta
colcha

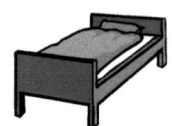

cama
cama

vassoura
escoba

balde
balde

interruptor
interruptor

sala de estar
sala

papel de parede
papel pintado
quadro
imagen
lâmpada
lámpara
prateleira
estante
armário
armario
televisão
televisión
lareira
chimenea
flor
flor
travesseiro
cojín
sofá
sofá
vaso
jarrón
controle remoto
mando a distancia

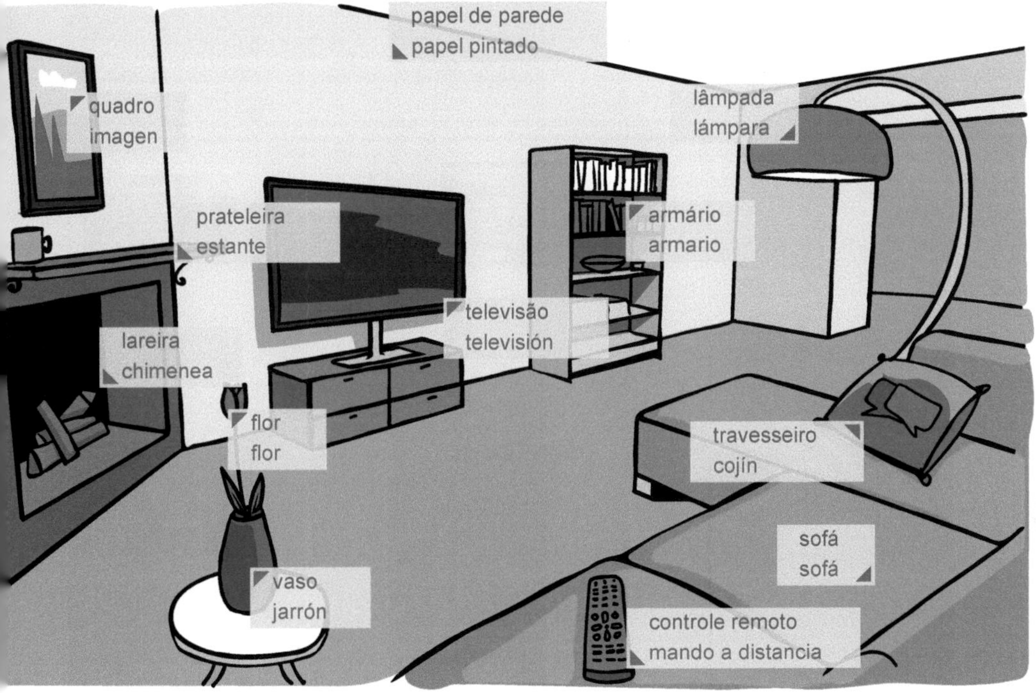

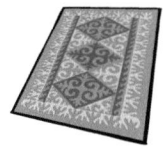

tapete
alfombra

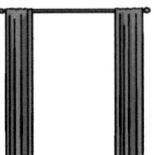

cortina
cortina

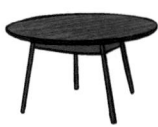

mesa
mesa

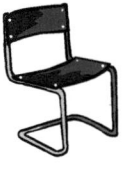

cadeira
silla

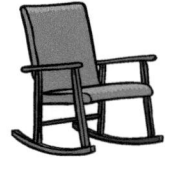

cadeira de balanço
mecedora

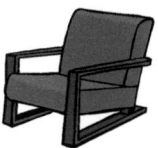

poltrona
butaca

livro
libro

cobertor
manta

decoração
decoración

lenha
leña

filme
película

equipamento de som
equipo de música

chave
llave

jornal
periódico

pintura
pintura

pôster
póster

rádio
radio

bloco de notas
cuaderno

aspirador
aspiradora

cacto
cactus

vela
vela

cozinha
cocina

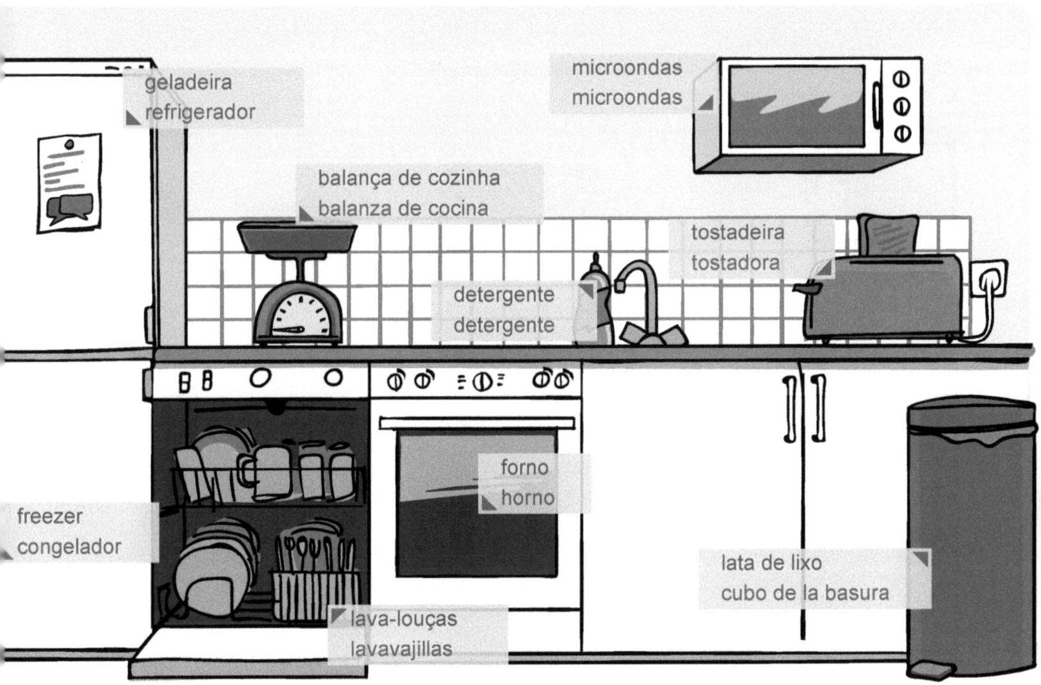

geladeira
refrigerador
microondas
microondas
balança de cozinha
balanza de cocina
tostadeira
tostadora
detergente
detergente
forno
horno
freezer
congelador
lata de lixo
cubo de la basura
lava-louças
lavavajillas

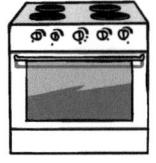

fogão

olla a presión

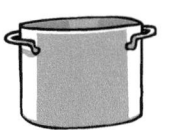

panela

olla

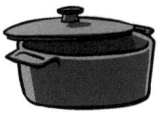

panela de ferro

olla de hierro fundido

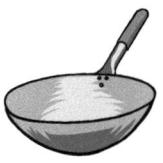

wok / kadai

wok / karahi

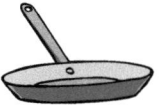

frigideira

cazuela

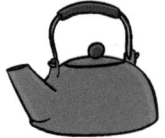

chaleira

hervidor

panela a vapor

vaporera

tabuleiro de forno

chapa de horno

louça

vajilla

caneca

taza

caçarola

tazón

hashi

palillos

concha de sopa

cucharón

espátula

espumadera

batedor

batidor

escorredor

colador

peneira

cedazo

ralador

rallador

almofariz

mortero

churrasqueira

barbacoa

lareira

hoguera

tábua de cortar

tabla de picar

rolo da massa

rodillo

saca-rolhas

sacacorchos

lata

lata

abridor de latas

abrelatas

pegador de panela

agarrador

pia

lavabo

escova

cepillo

esponja

esponja

liquidificador

batidora

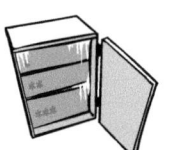

congelador

congelador

mamadeira

biberón

torneira

grifo

banheiro
cuarto de baño

ducha
ducha
aquecimento
calefacción
toalha
toalla
cortina de chuveiro
cortina de la ducha
banho de espuma
baño de espuma
banheira
bañera
copo
vaso
lava-roupa
lavadora
torneira
grifo
azulejos
baldosas
penico
orinal
pia
lavabo

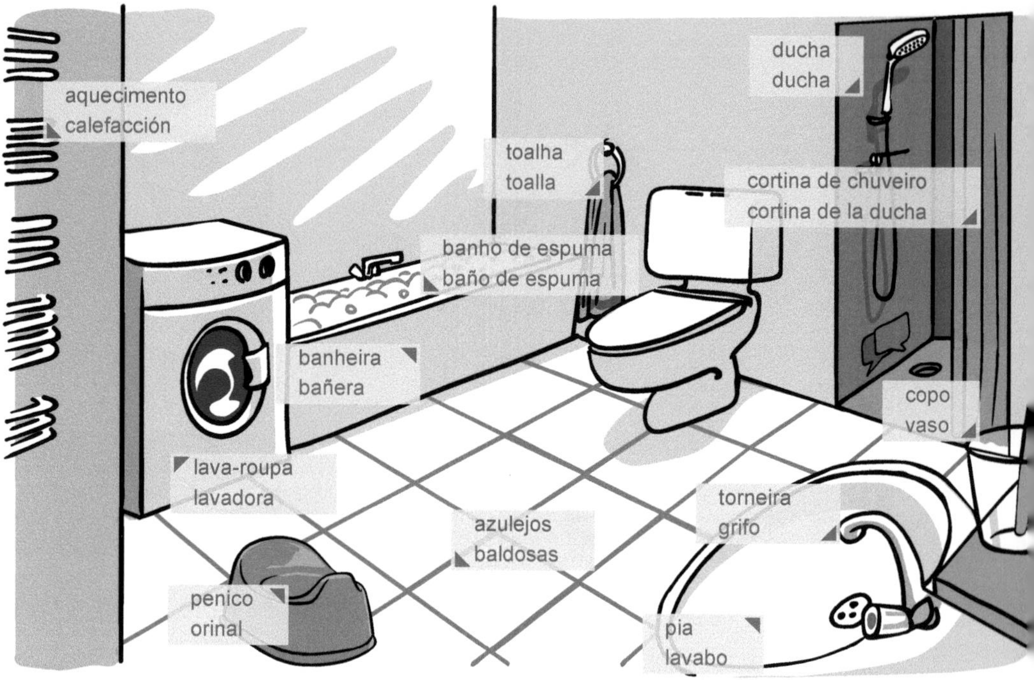

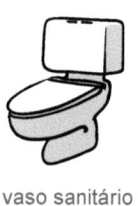

vaso sanitário

inodoro

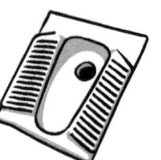

lavabo de agachar

inodoro rústico

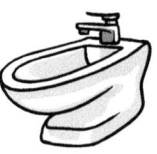

bidê

bidé

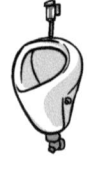

mictório

urinario

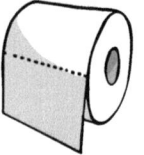

papel higiênico

papel higiénico

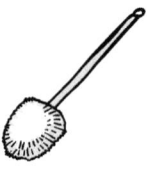

escova de privada

escobilla del váter

escova de dentes

cepillo de dientes

pasta de dentes

pasta de dientes

fio dental

hilo dental

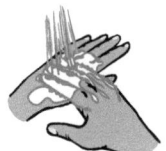

lavar

lavar

ducha de mão

ducha de mano

ducha íntima

ducha íntima

bacia

pila

escova para as costas

cepillo de espalda

sabonete

jabón

gel de banho

gel de ducha

xampu

champú

toalha de rosto

toallita

escoamento

desagüe

creme

crema

desodorante

desodorante

espelho

espejo

espelho de mão

espejo de tocador

barbeador

maquinilla de afeitar

espuma de barbear

espuma de afeitar

loção pós-barba

loción postafeitado

pente

peine

escova

cepillo

secador de cabelo

secador

spray de cabelo

laca

maquiagem

maquillaje

batom

pintalabios

esmalte de unhas

pintauñas

algodão

algodón

tesoura para unhas

cortauñas

perfume

perfume

nécessaire
estuche de viaje

banquinho
banqueta

balança
balanza

roupão de banho
albornoz

luvas de borracha
guantes de goma

absorvente interno
tampón

absorvente íntimo
compresa

banheiro químico
inodoro químico

quarto de criança
habitación de los niños

despertador
despertador
boneco de pelúcia
peluche
carrinho de brinquedo
coche de juguete
chacoalho
sonajero
casa de bonecas
casa de muñecas
presente
regalo

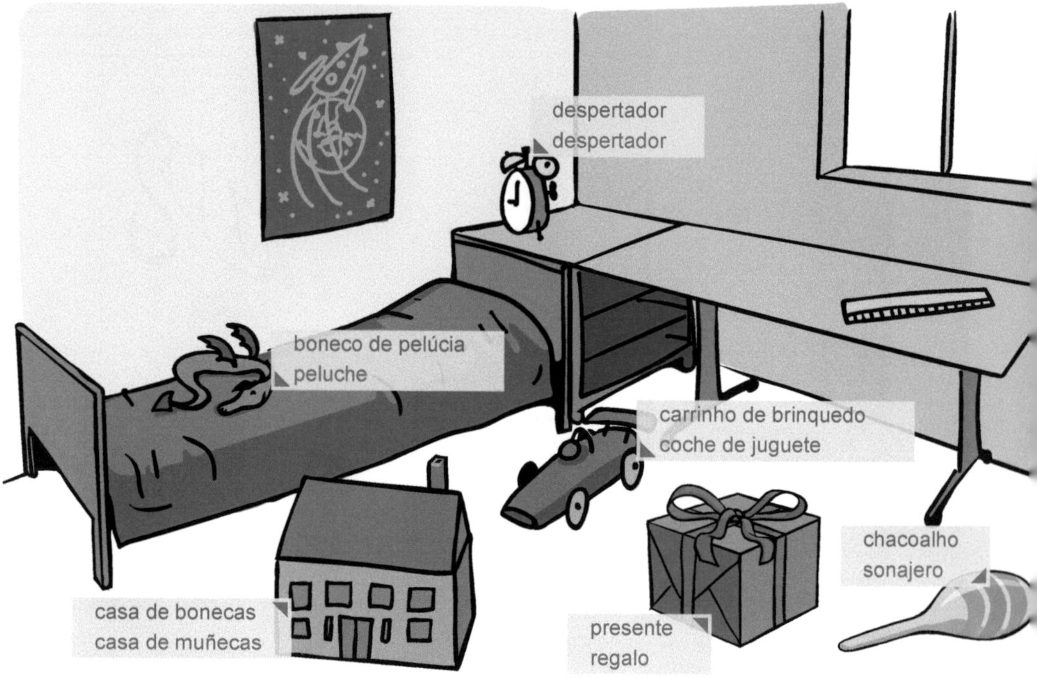

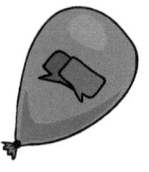

balão

globo

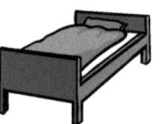

cama

cama

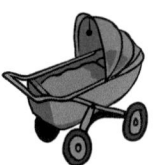

carrinho de bebê

coche de niño

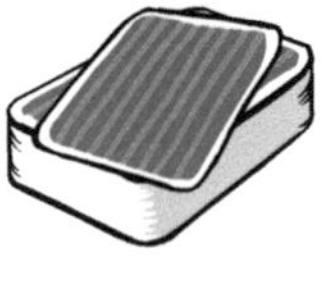

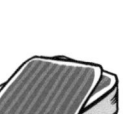

jogo de cartas

naipes

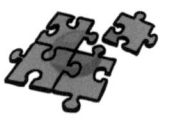

quebra-cabeças

puzle

SUPER
MEGA

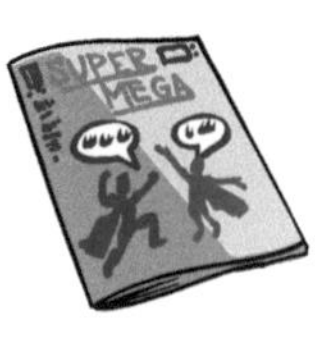

revista de quadrinhos

tebeo

peças de Lego

piezas de lego

blocos de construção

bloques de juguete

figura de ação

figura de acción

macaquinho de bebê

bodi (de bebé)

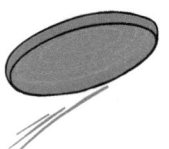

frisbee

frisbee

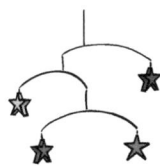

móbile para bebé

colgador móvil para bebés

jogo de tabuleiro

juego de mesa

dados

dados

trenzinho elétrico

circuito de tren eléctrico

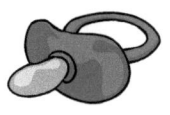

chupeta

maniquí

festa

fiesta

livro ilustrado

álbum de fotos

bola

pelota

boneca

muñeca

brincar

jugar

caixa de areia

cajón de arena

balanço

columpio

brinquedos

juguetes

videogame

videoconsola

triciclo

triciclo

ursinho de pelúcia

oso de peluche

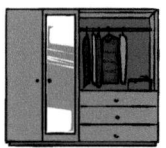

guarda-roupa

guardarropa

vestuário

ropa

meias

calcetines

meias pelo joelho

medias

meias-calças

leotardos

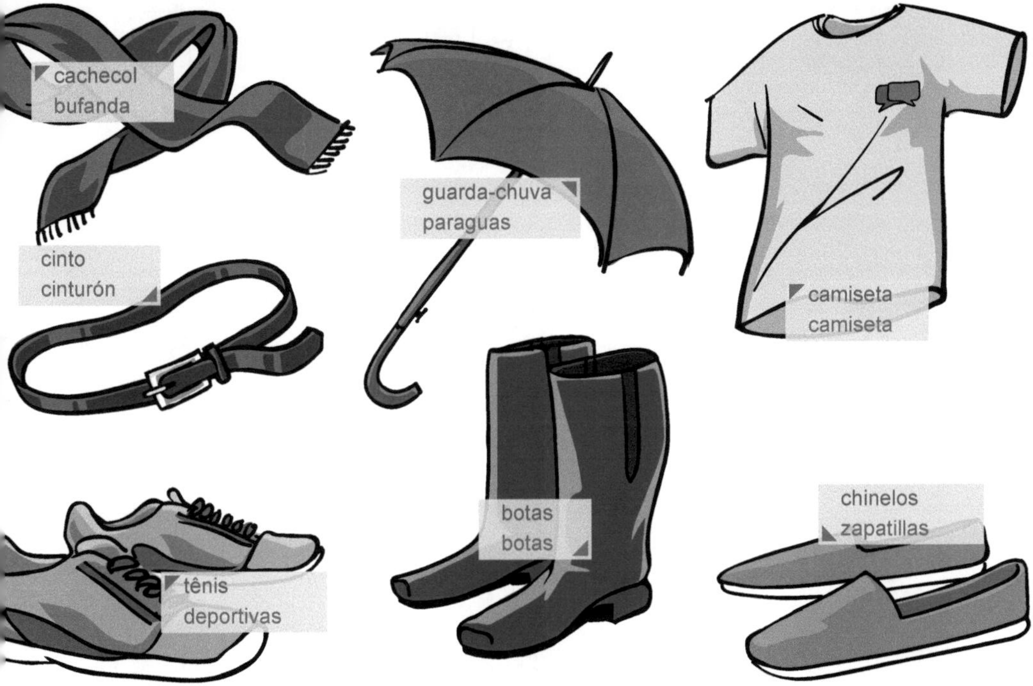

cachecol
bufanda

guarda-chuva
paraguas

camiseta
camiseta

cinto
cinturón

botas
botas

chinelos
zapatillas

tênis
deportivas

sandálias
sandalias

sapatos
zapatos

botas de borracha
botas de goma

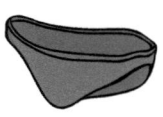

roupa de baixo
slip

sutiã
sostén

camiseta de baixo
chaleco

body
bodi

calças
pantalones

jeans
vaqueros

saia
falda

blusa
blusa

camisa
camisa

pulôver
jersey

suéter com capuz
suéter

blazer
blazer

jaqueta
chaqueta

casaco
abrigo

gabardine
gabardina

traje
traje

vestido
vestido

vestido de casamento
vestido de novia

vestuário - ropa

terno
traje

camisola
camisón

pijama
pijama

sari
sari

lenço de cabeça
bandana

turbante
turbante

burca
burka

cafetã
caftán

abaya
abaya

maiô
traje de baño

sunga
bañador

shorts
pantalones cortos

roupa de treino
chándal

avental
delantal

luvas
guantes

botão
....
botón

óculos
....
gafas

pulseira
....
brazalete

colar
....
collar

anel
....
anillo

brinco
....
pendiente

boné
....
gorra

cabide
....
percha

chapéu
....
sombrero

gravata
....
corbata

zíper
....
cremallera

capacete
....
casco

suspensórios
....
tirantes

uniforme escolar
....
uniforme escolar

uniforme
....
uniforme

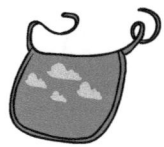

babador
babero

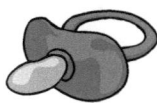

chupeta
maniquí

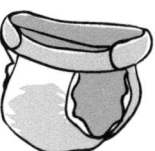

fralda
pañal

escritório
oficina

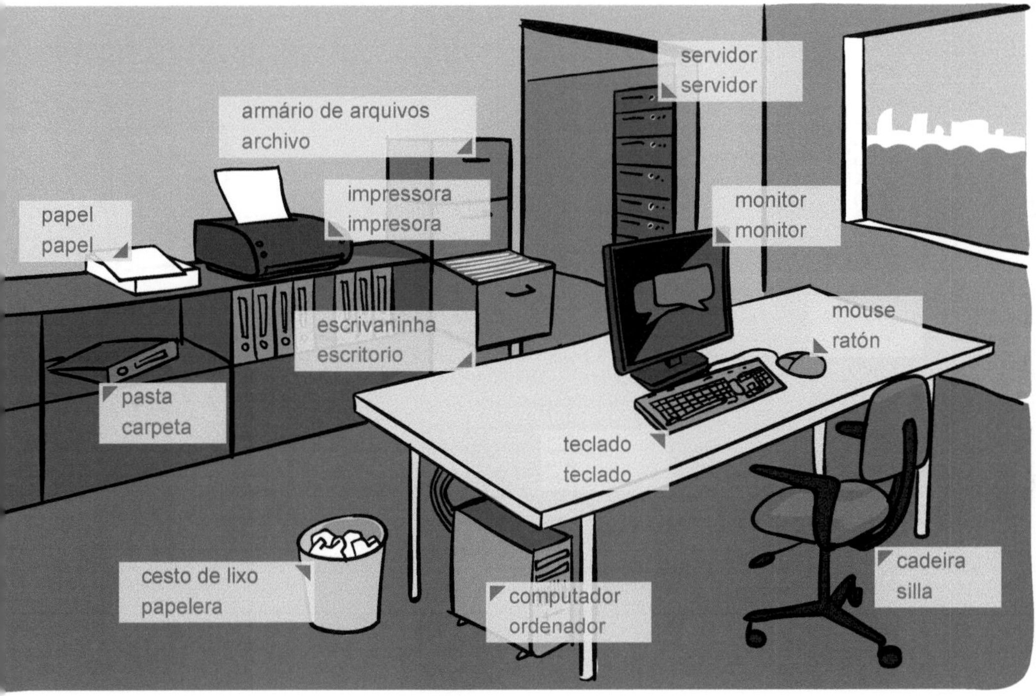
servidor
servidor
armário de arquivos
archivo
impressora
impresora
papel
papel
monitor
monitor
mouse
ratón
escrivaninha
escritorio
pasta
carpeta
teclado
teclado
cesto de lixo
papelera
computador
ordenador
cadeira
silla

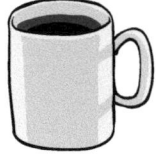

xícara de café
taza de café

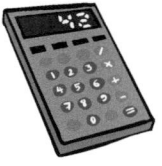

calculadora
calculadora

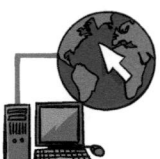

internet
internet

laptop
portátil

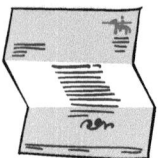

carta
carta

mensagem
mensaje

celular
móvil

rede
red

copiadora
fotocopiadora

software
software

telefone
teléfono

tomada
toma de corriente

fax
fax

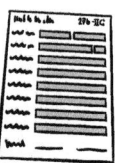

formulário
formulario

documento
documento

comprar

comprar

pagar

pagar

negociar

comerciar

dinheiro

dinero

Dólar

dólar

Euro

euro

Yen

yen

rublo

rublo

franco suíço

franco suizo

renminbi yuan

renminbi yuan

rupia

rupia

caixa eletrônico

cajero automático

casa de câmbio

oficina de cambio de divisas

ouro

oro

prata

plata

petróleo

petróleo

energia

energía

preço

precio

contrato

contrato

imposto

impuesto

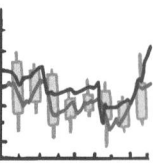

ação

acción

trabalhar

trabajar

empregado

empleado

empregador

empleador

fábrica

fábrica

loja

tienda

profissões
oficios

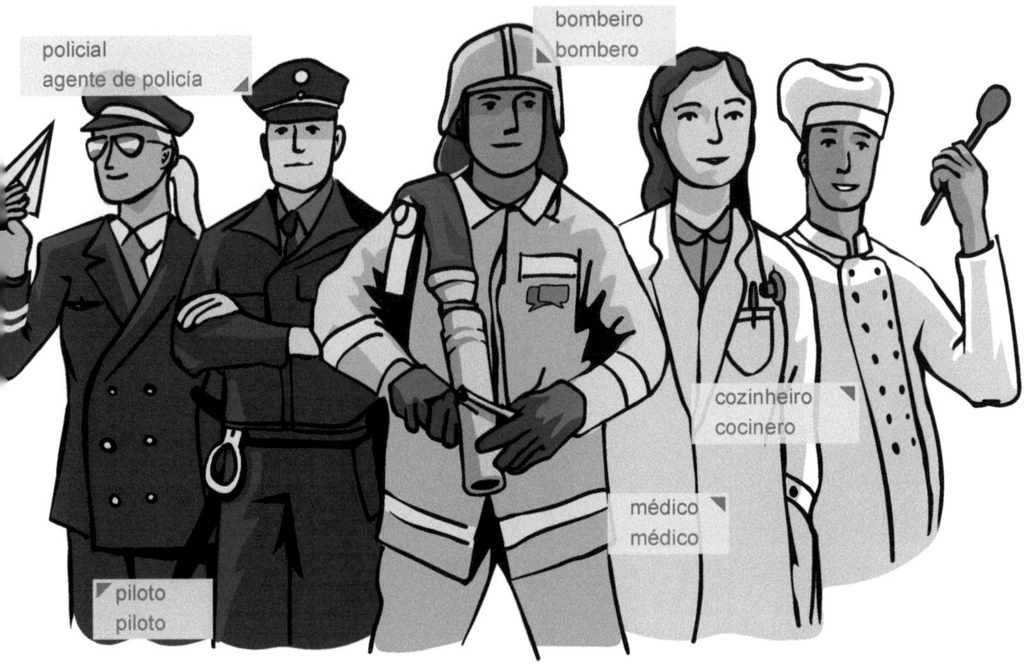

policial
agente de policía
bombeiro
bombero
cozinheiro
cocinero
médico
médico
piloto
piloto

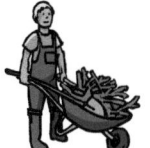

jardineiro

jardinero

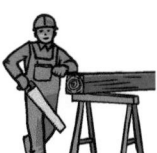

marceneiro

carpintero

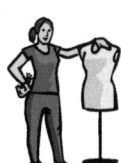

costureira

costurera

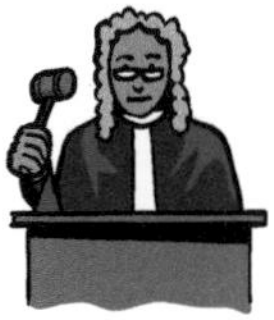

juiz

juez

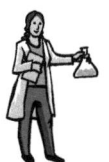

químico

farmacéutico

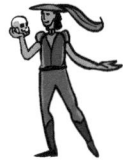

ator

actor

motorista de ônibus

conductor de autobús

motorista de táxi

taxista

pescador

pescador

faxineira

señora de la limpieza

telhador

techador

garçom

camarero

caçador

cazador

pintor

pintor

padeiro

panadero

eletricista

electricista

construtor

obrero

engenheiro

ingeniero

açougueiro

carnicero

encanador

fontanero

carteiro

cartero

soldado
soldado

arquiteto
arquitecto

caixa
cajero

florista
florista

cabelereiro
peluquero

condutor
revisor

mecânico
mecánico

capitão
capitán

dentista
dentista

cientista
científico

rabino
rabino

imam
imán

monge
monje

pastor
sacerdote

ferramentas
herramientas

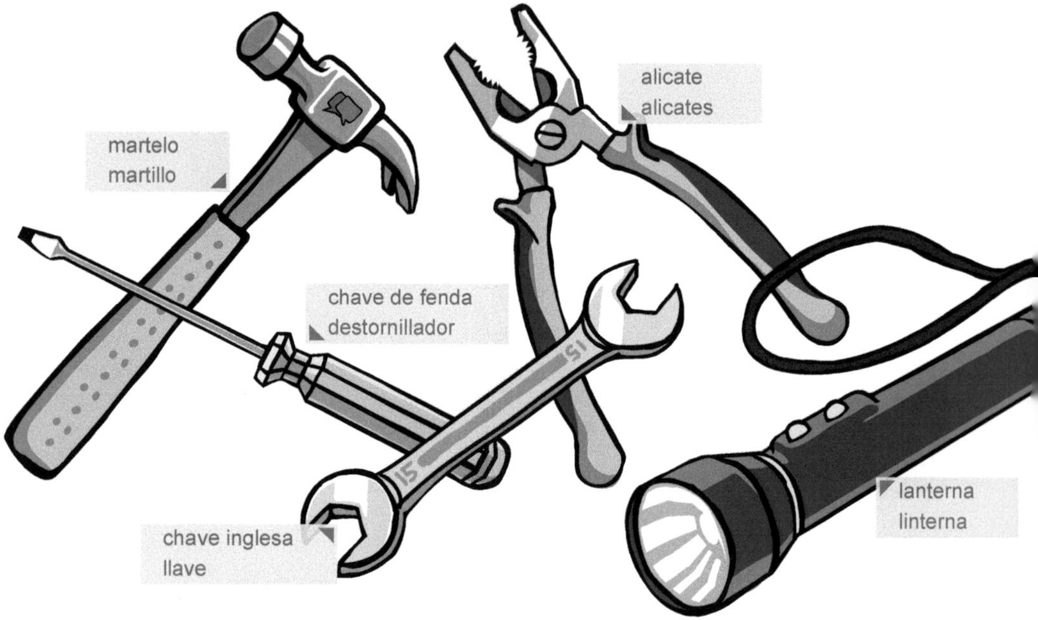
alicate
alicates
martelo
martillo
chave de fenda
destornillador
chave inglesa
llave
lanterna
linterna

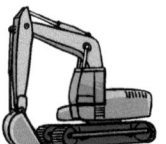

escavadora

excavadora

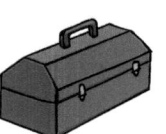

caixa de ferramentas

caja de herramientas

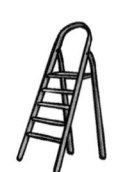

escada de mão

escalera de mano

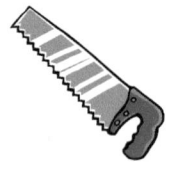

serra

sierra

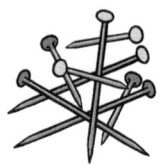

pregos

clavos

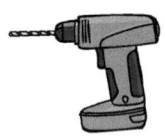

furadeira

taladro

consertar
....
reparar

pá
....
pala

Droga!
....
¡Maldita sea!

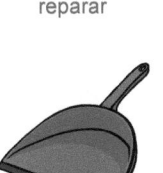

pá de lixo
....
recogedor

pote de tinta
....
bote de pintura

parafusos
....
tornillos

instrumentos musicais
instrumentos musicales

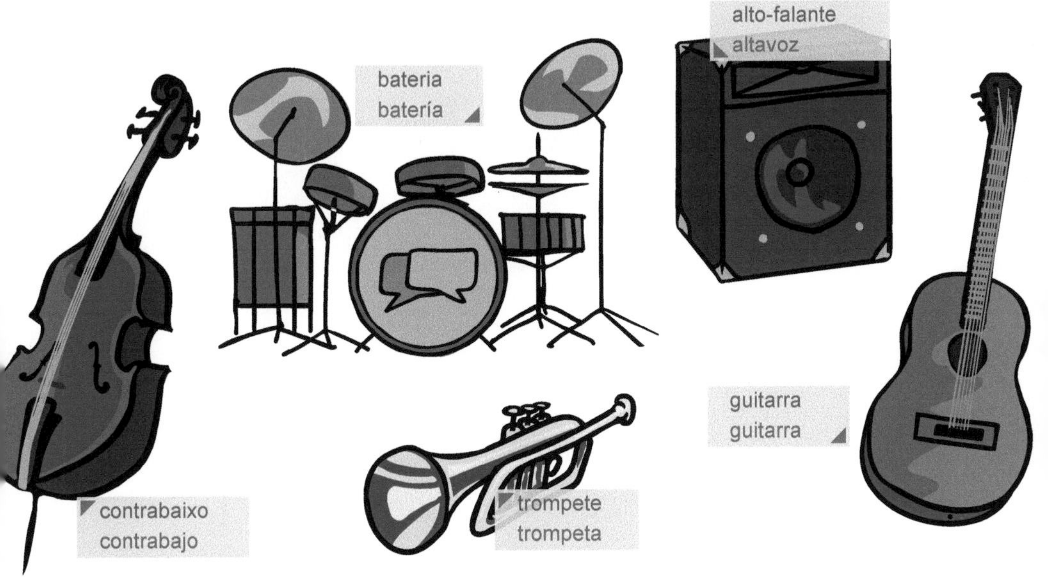

bateria
batería

alto-falante
altavoz

guitarra
guitarra

contrabaixo
contrabajo

trompete
trompeta

piano
piano

violino
violín

baixo
bajo

timbales
timbales

tambor
tambor

teclado
teclado

saxofone
saxofón

flauta
flauta

microfone
micrófono

zoológico
zoo

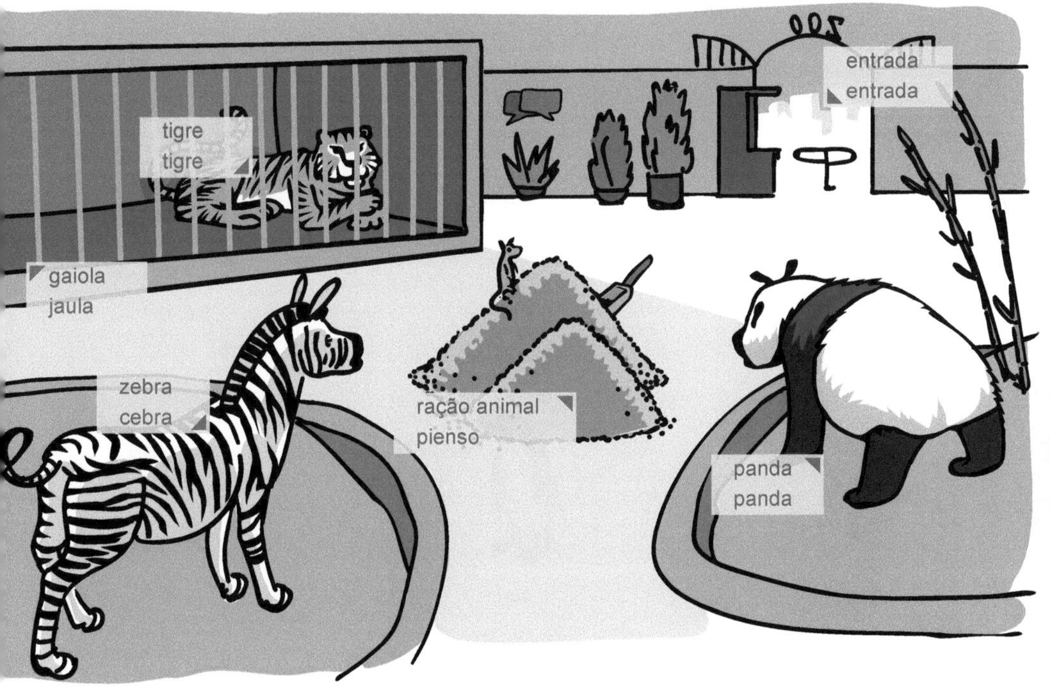

entrada
entrada
tigre
tigre
gaiola
jaula
zebra
cebra
ração animal
pienso
panda
panda

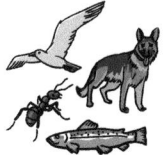

animais

animales

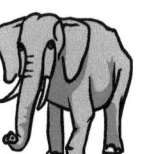

elefante

elefante

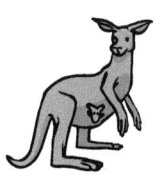

canguru

canguro

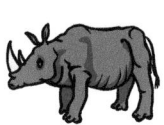

rinoceronte

rinoceronte

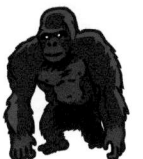

gorila

gorila

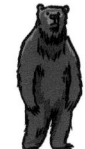

urso

oso

camelo

camello

avestruz

avestruz

leão

león

macaco

mono

flamingo

flamingo

papagaio

loro

urso polar

oso polar

pinguim

pingüino

tubarão

tiburón

pavão

pavo real

cobra

serpiente

crocodilo

cocodrilo

guarda do zoológico

guardián de zoológico

foca

foca

jaguar

jaguar

pônei

poni

leopardo

leopardo

hipopótamo

hipopótamo

girafa

jirafa

águia

águila

javali

jabalí

peixe

pescado

tartaruga

tortuga

morsa

morsa

raposa

zorro

gazela

gacela

zoológico - zoo

futebol americano
fútbol americano

ciclismo
ciclismo

tênis
tenis

basquete
baloncesto

natação
natación

boxe
boxeo

hóquei no gelo
hockey sobre hielo

futebol
fútbol

badminton
bádminton

atletismo
atletismo

handebol
balonmano

esqui
esquí

polo
polo

atividades
actividades

rir
reír
pular
saltar
abraçar
abrazar
andar
caminar
cantar
cantar
sonhar
soñar
rezar
rezar
beijar
besar

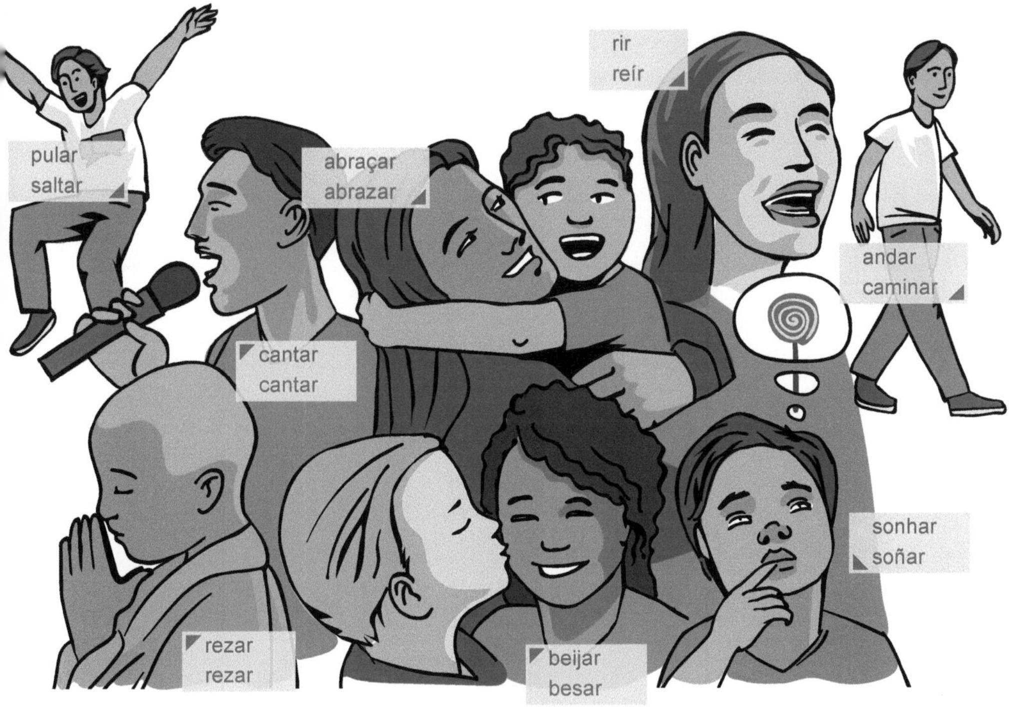

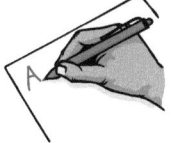

escrever

escribir

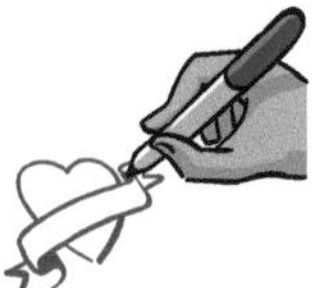

desenhar

dibujar

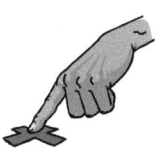

mostrar

mostrar

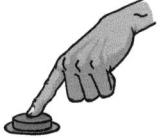

empurrar

empujar

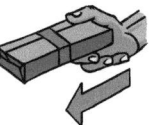

dar

dar

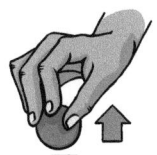

tomar

tomar

ter
....
tener

fazer
....
hacer

ser
....
ser

ficar de pé
....
estar de pie

correr
....
correr

puxar
....
tirar

jogar
....
tirar

cair
....
caer

deitar
....
yacer

esperar
....
esperar

carregar
....
llevar

sentar
....
estar sentado

vestir
....
vestirse

dormir
....
dormir

despertar
....
despertar

olhar para
mirar

chorar
llorar

acariciar
acariciar

pentear
peinar

falar
hablar

entender
entender

perguntar
preguntar

ouvir
escuchar

beber
beber

comer
comer

arrumar
ordenar

amar
amar

cozinhar
cocinar

dirigir
conducir

voar
volar

velejar
navegar

calcular
calcular

ler
leer

aprender
aprender

trabalhar
trabajar

casar
casarse

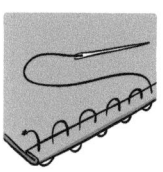

costurar
coser

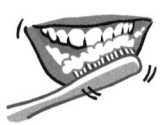

escovar os dentes
cepillarse los dientes

matar
matar

fumar
fumar

enviar
enviar

atividades - actividades

avó
abuela

avô
abuelo

pai
padre

mãe
madre

bebê
bebé

filha
hija

filho
hijo

convidado
invitado

tia
tía

tio
tío

irmão
hermano

irmã
hermana

corpo
cuerpo

testa
frente
olho
ojo
ombro
hombro
dedo
dedo
rosto
cara
queixo
barbilla
mão
mano
perna
pierna
peito
pecho
braço
brazo

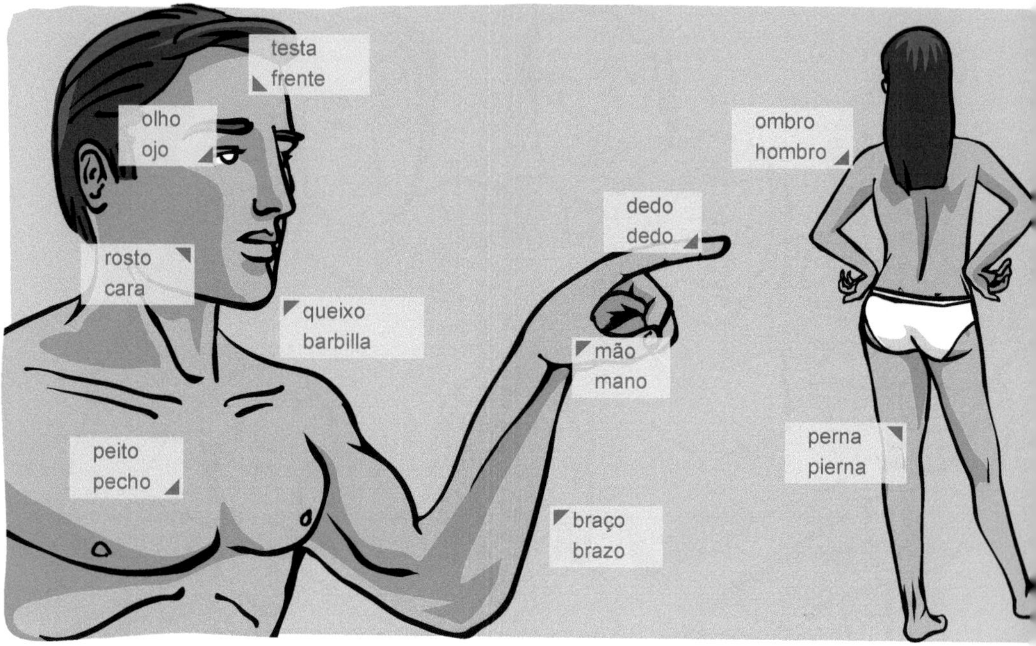

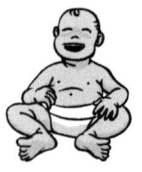

bebê
bebé

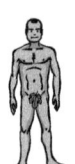

homem
hombre

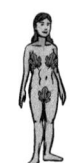

mulher
mujer

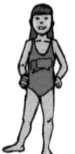

menina
chica

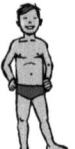

menino
chico

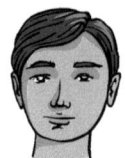

cabeça
cabeza

costas
espalda

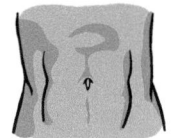

barriga
vientre

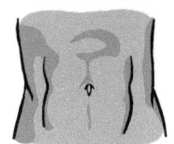

umbigo
ombligo

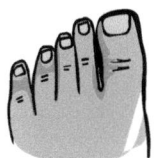

dedo do pé
dedo del pie

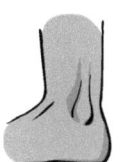

calcanhar
talón

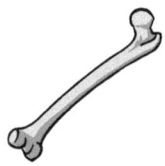

osso
hueso

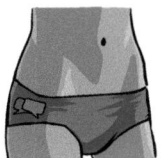

anca
cadera

joelho
rodilla

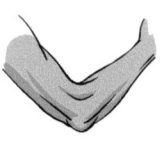

cotovelo
codo

nariz
nariz

nádegas
trasero

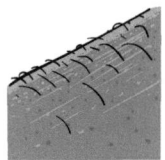

pele
piel

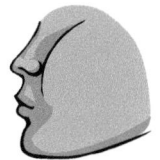

bochecha
mejilla

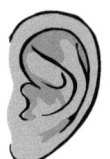

orelha
oído

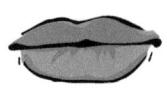

lábio
labio

boca
boca

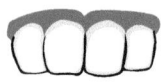

dente
diente

língua
lengua

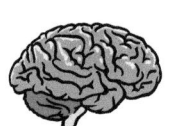

cérebro
cerebro

coração
corazón

músculo
músculo

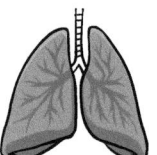

pulmão
pulmón

fígado
hígado

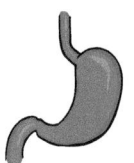

estômago
estómago

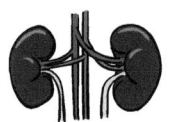

rins
riñones

relações sexuais
sexo

preservativo
condón

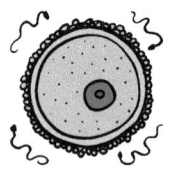

óvulo
ovario

esperma
semen

gravidez
embarazo

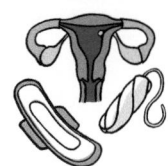

menstruação

menstruación

vagina

vagina

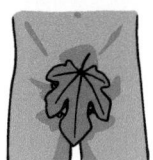

pênis

pene

sobrancelha

ceja

cabelo

pelo

pescoço

cuello

hospital
hospital

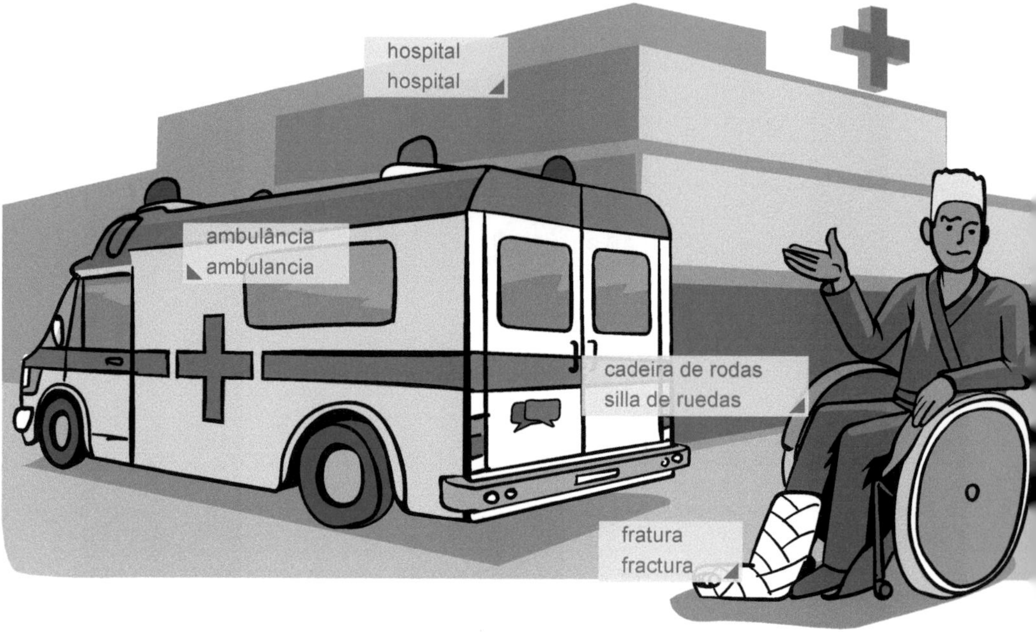

hospital
hospital
ambulância
ambulancia
cadeira de rodas
silla de ruedas
fratura
fractura

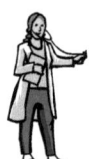

médico
médico

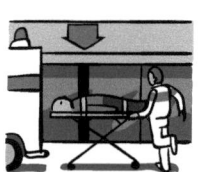

pronto-socorro
sala de urgencias

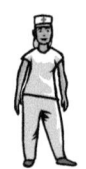

enfermeira
enfermera

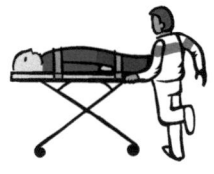

emergência
urgencia

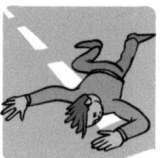

inconsciente
inconsciente

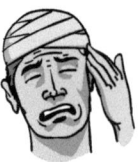

dor
dolor

ferimento

lesión

hemorragia

hemorragia

ataque cardíaco

infarto

cidente vacular cerebral

ictus

alergia

alergia

tosse

tos

febre

fiebre

gripe

gripe

diarreia

diarrea

dor de cabeça

dolor de cabeza

câncer

cáncer

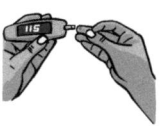

diabetes

diabetes

cirurgião

cirujano

bisturi

bisturí

operação

operación

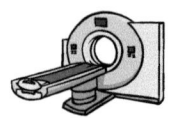

CT
TAC

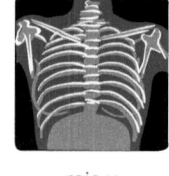

raio x
rayos x

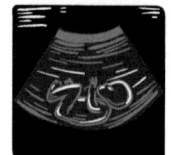

ultrassom
ultrasonido

máscara
mascarilla

doença
enfermedad

sala de espera
sala de espera

muleta
muleta

bandeide
tirita

ligadura
venda

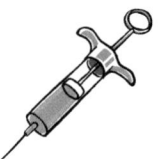

injeção
inyección

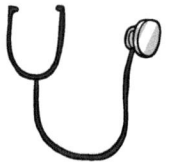

estetoscópio
estetoscopio

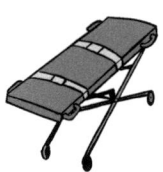

maca
camilla

termômetro
termómetro

nascimento
nacimiento

excesso de peso
sobrepeso

aparelho auditivo
audífono

desinfetante
desinfectante

infecção
infección

vírus
virus

HIV / AIDS
VIH / SIDA

medicamento
medicina

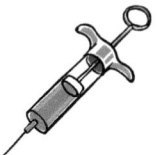

vacinação
vacunación

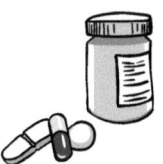

comprimidos
tabletas

pílula
pastilla

hamada de emergência
llamada de urgencia

dispositivo de medição de
pressão arterial
tensiómetro

doente / saudável
enfermo / sano

Socorro!

¡Socorro!

alarme

alarma

assalto

asalto

ataque

ataque

perigo

peligro

saída de emergência

salida de emergencia

Fogo!

¡Fuego!

extintor de incêndios

extintor de incendios

acidente

accidente

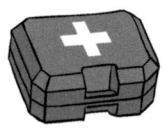

maleta de primeiros socorros

botiquín de primeros auxilios

SOS

SOS

polícia

policía

Europa

Europa

América do Norte

Norteamérica

América do Sul

Sudamérica

África

África

Ásia

Asia

Austrália

Australia

Atlântico

Atlántico

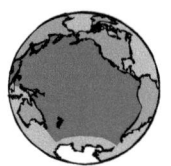

Pacífico

Pacífico

Oceano Índico

Océano Índico

Oceano Antártico

Océano Antártico

Oceano Ártico

Océano Ártico

Polo Norte

polo norte

Polo Sul

polo sur

Antártica

Antártida

Terra

tierra

terra

tierra

mar

mar

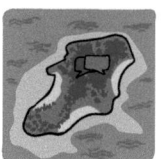

ilha

isla

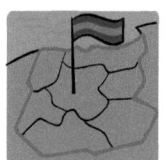

nação

nación

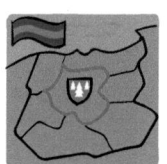

estado

estado

mostrador do relógio
....
esfera

ponteiro das horas
....
manecilla de las horas

ponteiro dos minutos
....
minutero

ponteiro dos segundos
....
segundero

Que horas são?
....
¿Qué hora es?

dia
....
día

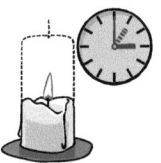

tempo
....
tiempo

agora
....
ahora

relógio digital
....
reloj digital

minuto
....
minuto

hora
....
hora

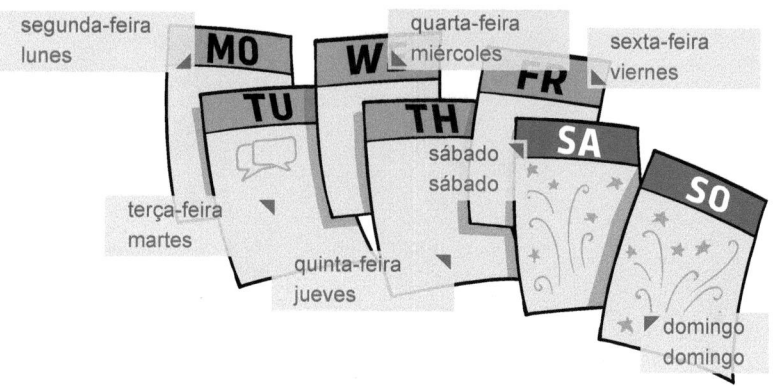

segunda-feira
lunes

terça-feira
martes

quarta-feira
miércoles

quinta-feira
jueves

sexta-feira
viernes

sábado
sábado

domingo
domingo

ontem
ayer

hoje
hoy

amanhã
mañana

manhã
mañana

meio-dia
mediodía

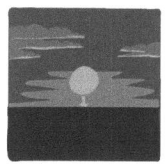

entardecer
tarde

dias úteis
días laborables

fim de semana
fin de semana

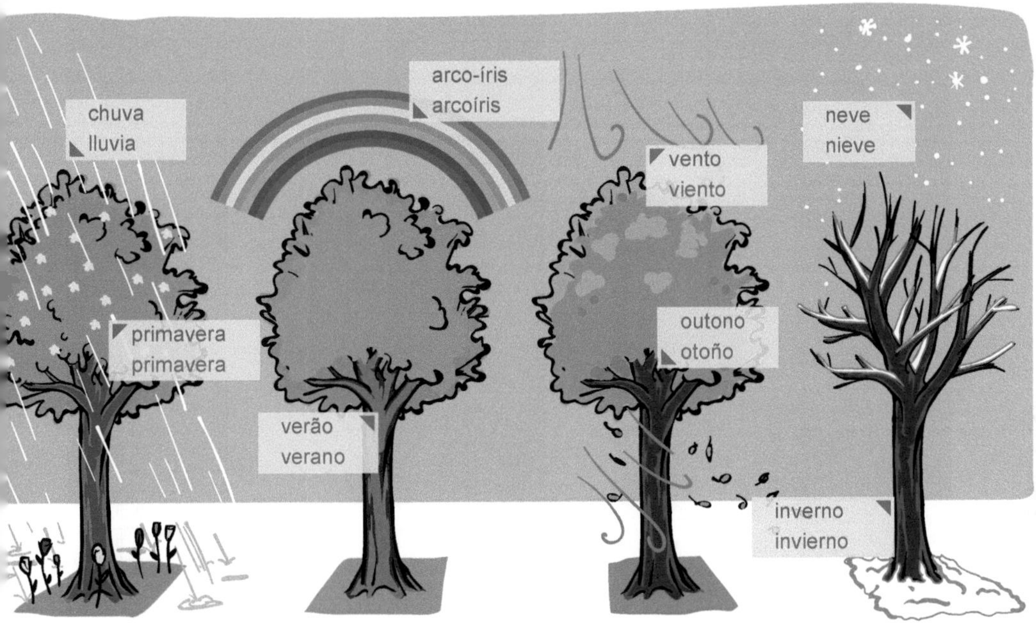

chuva
lluvia
arco-íris
arcoíris
vento
viento
neve
nieve
primavera
primavera
verão
verano
outono
otoño
inverno
invierno

4.APRIL 11°
5.APRIL 4°
6.APRIL 13°
7.APRIL 8°
8.APRIL 10°

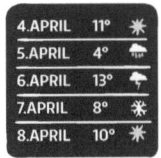

previsão do tempo

pronóstico del tiempo

F C
120 90 60 30 0 -30
40 30 20 10 0 -10 -20

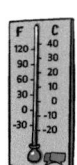

termômetro

termómetro

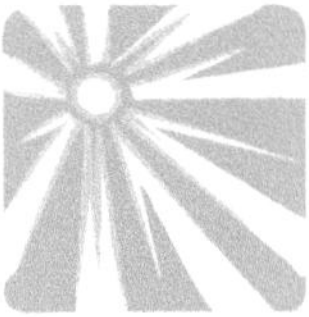

raio de sol

sol

nuvem

nube

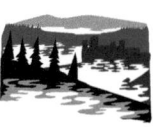

neblina / nevoeiro

niebla

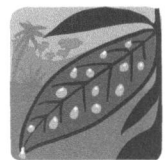

umidade do ar

humedad

relâmpago

rayo

trovão

trueno

tempestade

tormenta

granizo

granizo

monção

monzón

inundação

inundación

gelo

hielo

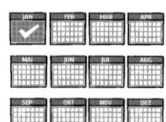

janeiro

enero

fevereiro

febrero

março

marzo

abril

abril

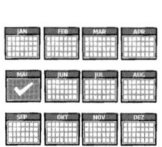

maio

mayo

junho

junio

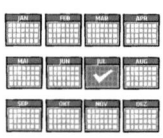

julho

julio

agosto

agosto

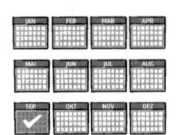

setembro
....
septiembre

outubro
....
octubre

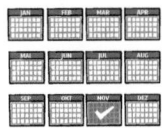

novembro
....
noviembre

dezembro
....
diciembre

formas

formas

círculo
....
círculo

quadrado
....
cuadrado

retângulo
....
rectángulo

triângulo
....
triángulo

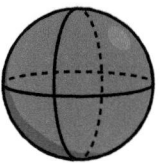

esfera
....
esfera

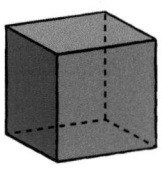

cubo
....
cubo

cores

colores

branco

blanco

amarelo

amarillo

laranja

anaranjado

rosa

rosa

vermelho

rojo

lilás

morado

azul

azul

verde

verde

marrom

marrón

cinza

gris

preto

negro

muito / pouco

mucho / poco

furioso / tranquilo

enojado / tranquilo

lindo / feio

bonito / feo

começo / fim

principio / fin

grande / pequeno

grande / pequeño

claro / escuro

claro / oscuro

irmão / irmã

hermano / hermana

limpo / sujo

limpio / sucio

completo / incompleto

completo / incompleto

dia / noite

día / noche

morto / vivo

muerto / vivo

largo / estreito

ancho / estrecho

comestível / não comestível

comestible / no comestible

mau / gentil

malo / amable

entusiasmado / entediado

entusiasmado / aburrido

gordo / magro

gordo / delgado

primeiro / último

primero / último

amigo / inimigo

amigo / enemigo

cheio / vazio

lleno / vacío

duro / macio

duro / blando

pesado / leve

pesado / ligero

fome / sede

hambre / sed

doente / saudável

enfermo / sano

ilegal / legal

ilegal / legal

inteligente / idiota

inteligente / tonto

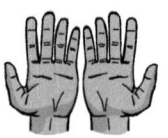

esquerda / direita

izquierda / derecha

perto / longe

cerca / lejos

novo / usado
nuevo / usado

nada / alguma coisa
nada / algo

velho / jovem
viejo / joven

ligado / desligado
encendido / apagado

aberto / fechado
abierto / cerrado

baixo / alto
silencioso / ruidoso

rico / pobre
rico / pobre

certo / errado
correcto / incorrecto

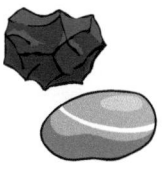

áspero / liso
áspero / suave

triste / feliz
triste / contento

curto / longo
corto / largo

lento / rápido
lento / rápido

molhado / seco
húmedo / seco

ameno / fresco
cálido / frío

guerra / paz
guerra / paz

0

zero

cero

1

um

uno

2

dois

dos

3

três

tres

4

quatro

cuatro

5

cinco

cinco

6

seis

seis

7

sete

siete

8

oito

ocho

9

nove

nueve

10

dez

diez

11

onze

once

12

doze

doce

13

treze

trece

14

quatorze

catorce

15

quinze

quince

16

dezesseis

dieciséis

17

dezessete

diecisiete

18

dezoito

dieciocho

19

dezenove

diecinueve

20

vinte

veinte

100

cem

cien

1.000

mil

mil

1.000.000

milhão

millón

idiomas

inglês

inglés

inglês americano

inglés americano

chinês mandarim

chino mandarín

hindi

hindi

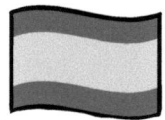

espanhol

español

francês

francés

árabe

árabe

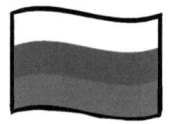

russo

ruso

português

portugués

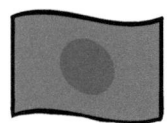

bengalês

bengalí

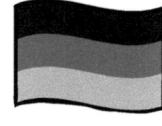

alemão

alemán

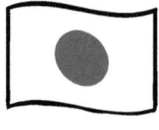

japonês

japonés

eu

yo

você

tú

ele / ela

él / ella / ello

nós

nosotros/as

vocês

vosotros/as

eles / elas

ellos/as

quem?

¿quién?

O quê?

¿qué?

como?

¿cómo?

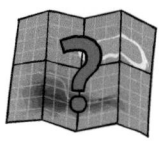

onde?

¿dónde?

Quando?

¿cuándo?

nome

nombre

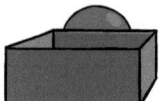

atrás

detrás

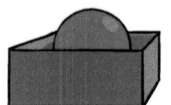

em

en

na frente de

delante de

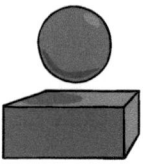

sobre

por encima de

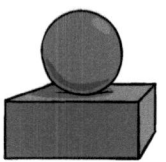

em cima

sobre

debaixo

debajo de

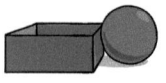

do lado

junto a

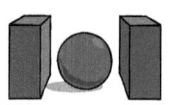

entre

entre

lugar

lugar